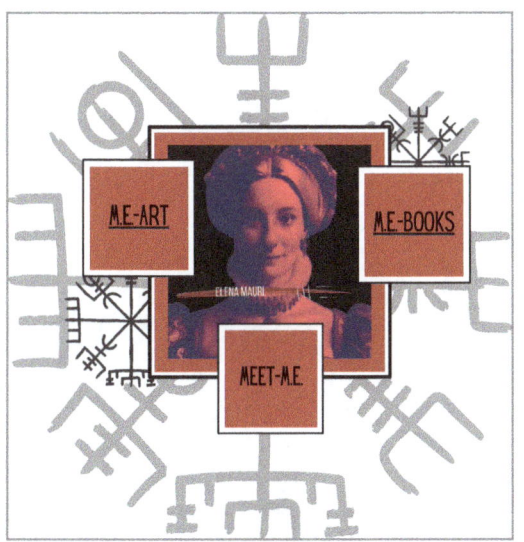

Portfolio
Elena Mauri
2024

"camminare da un lato all'altro dell'oscurità infinita, su un ponte di sogni"

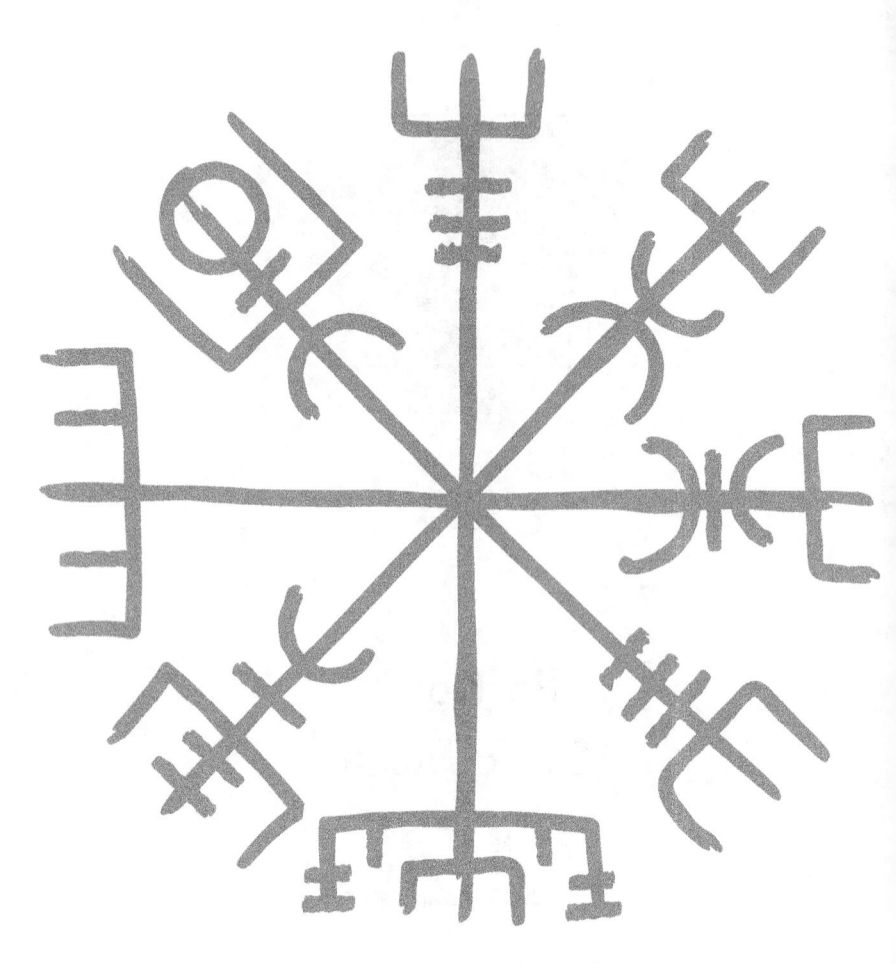

Se dovessi evocare Elena, ti servirebbero tre elementi fondamentali per attirare la sua attenzione:
qualcosa di bello, qualcosa di buono, e qualcosa di antico e misterioso.
Il suo spirito vaga senza meta fra le sale di musei le cripte e altri luoghi diversamente ameni.
Il suo scopo ultimo è raccontare storie agli spiriti che le capita di incontrare.
Se le evocazioni non fanno per te e preferisci scriverle invece questi sono i suoi contatti:

elenamauri15@gmail.com

instagram D:M:

ELENAMAURI_00

Seguila per sapere quando e dove potrai vedere i suoi lavori dal vivo, sempre che tu ti identifichi come tale, noi non discriminiamo.
Le puoi scrivere anche se vuoi collaborare a qualcuno dei suoi folli progetti,
ti risponderà, ovunque si trovi.

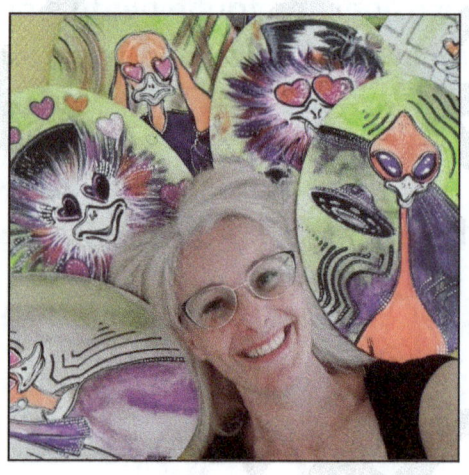

M.E.-ART

L'identità è il cuore della ricerca artistica attuale di Elena.
Chi sono? Chi sei? Come posso raccontarmi e raccontare te al mondo?
In questo momento la sua ricerca si sta sviluppando su due filoni principali.
Il primo è "50 sfumature di struzzo", legato al teatro, alla performance e all'improvvisazione, può un essere surreale come uno struzzo diventare un guru, icona contemporanea?
Il secondo si intitola BloOm - be kind! Il nucleo centrale di questo lavoro sono i fiori, intesi come metafora dell'identità umana o come elemento che scatena emozioni e permette al vissuto di ciascuno di emergere.

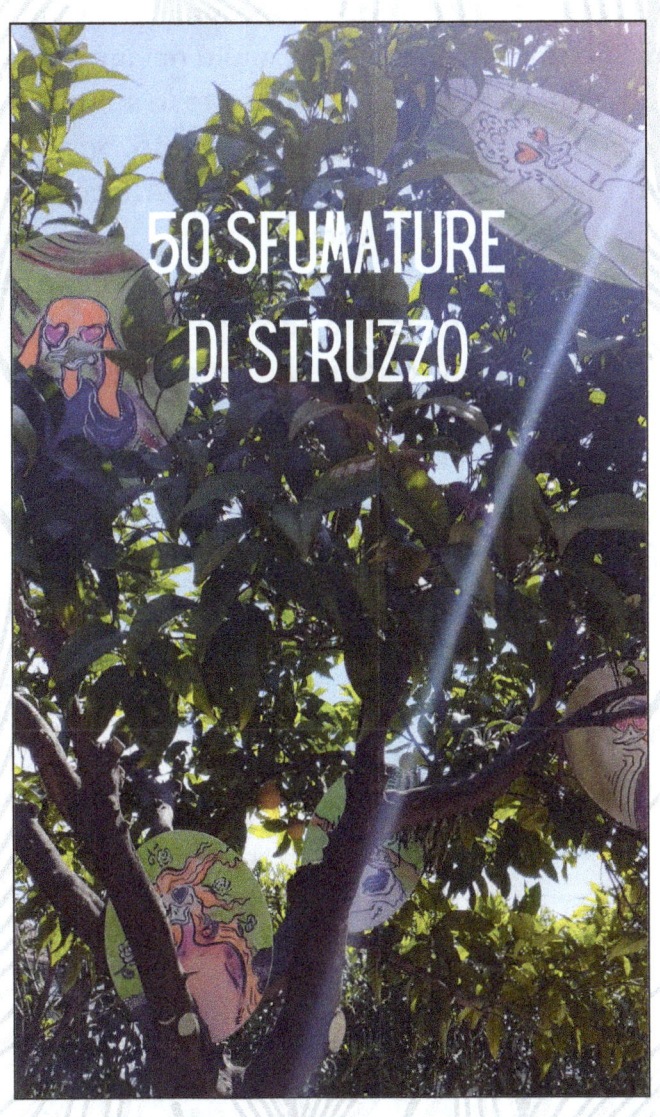

Siamo tutti struzzi, esseri volanti che hanno perso le ali perchè si sono troppo appesantiti, ma che conservano lo spirito di un'aquila nel loro cuore. Possiamo mettere la testa sotto la sabbia e cercare di non vedere questa verità, oppure sfruttare le piume che ci restano per farne uno show.

Da questo comune sentire, in collaborazione con Angelo Ciccognani, è nata la Loggia dello Struzzo, un varietà itinerante fondato sull'improvvisazione, in cui il palco si apre a professionisti e non professionisti e la sala si riempie di ospiti che non pagano un biglietto a prezzo fisso, ma offrono quello che ritengono sia giusto.

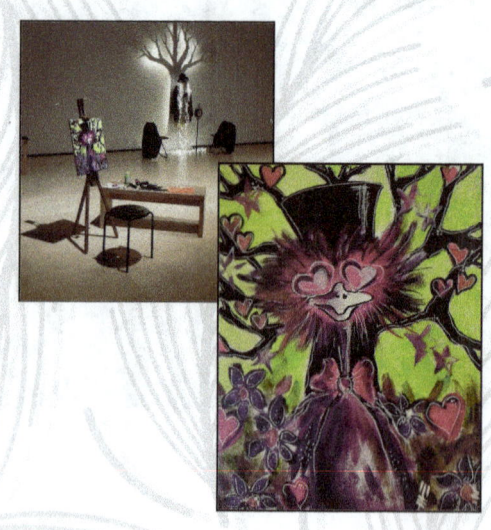

In questo Show Elena Dipinge live degli struzzi, includendo nel quadro quello che le viene richiesto al momento dal pubblico, o ciò che succede sul palco.

Dalle improvvisazioni pittoriche è nata l'idea di creare una collezione di struzzi e di esporla. Ritratti a forma di uovo, perchè uno struzzo in una cornice spigolosa non si sente a suo agio.

Per conoscere le date e le locations in cui li puoi vedere segui @elenamauri_o0 su Instagram.

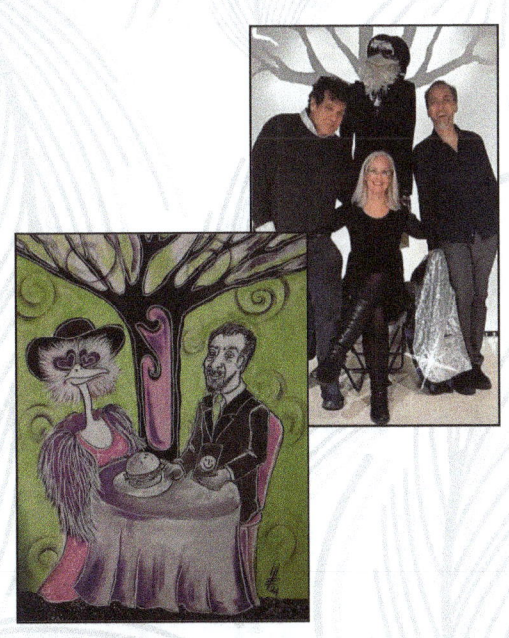

LA COLLEZIONE 2024 DEGLI STRUZZI

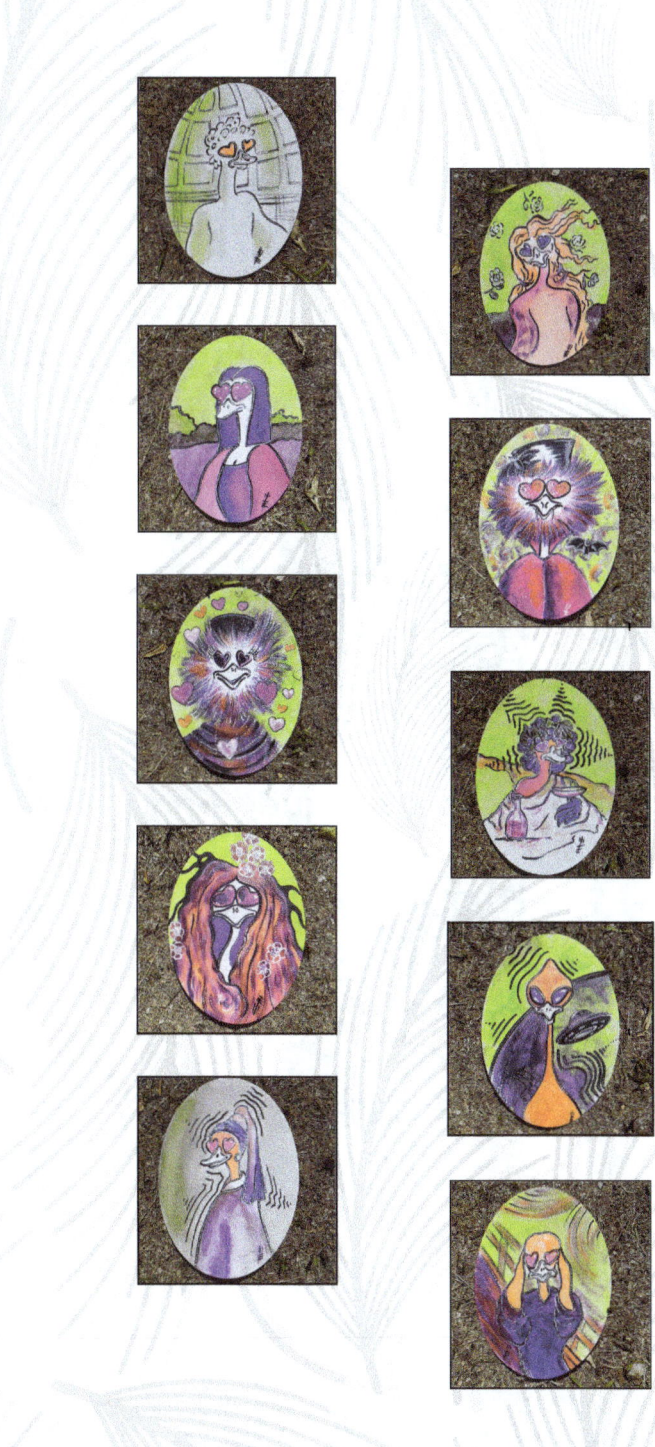

Inquadra questo QR code e scopri tutti gli accessori, l' abbigliamento e gli adesivi che nasconde

Qui invece trovi il quaderno.

50 sfumature di struzzo

Acrilico su cartoncino 25x30cm

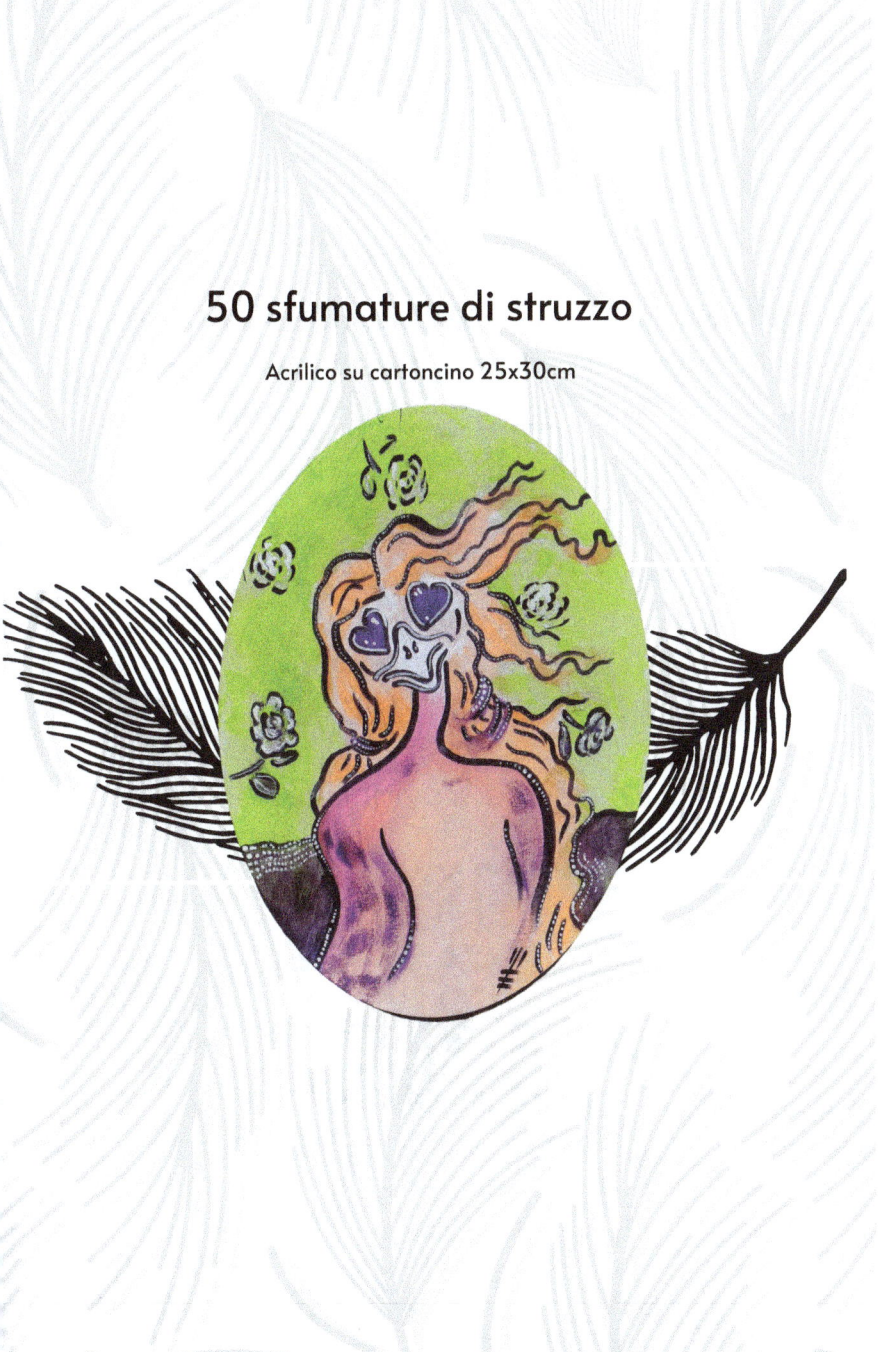

Inquadra questo QR code e scopri tutti gli accessori, l' abbigliamento e gli adesivi che nasconde

Qui invece trovi il quaderno.

50 sfumature di struzzo

Acrilico su cartoncino 25x30cm

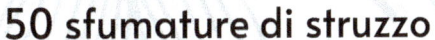

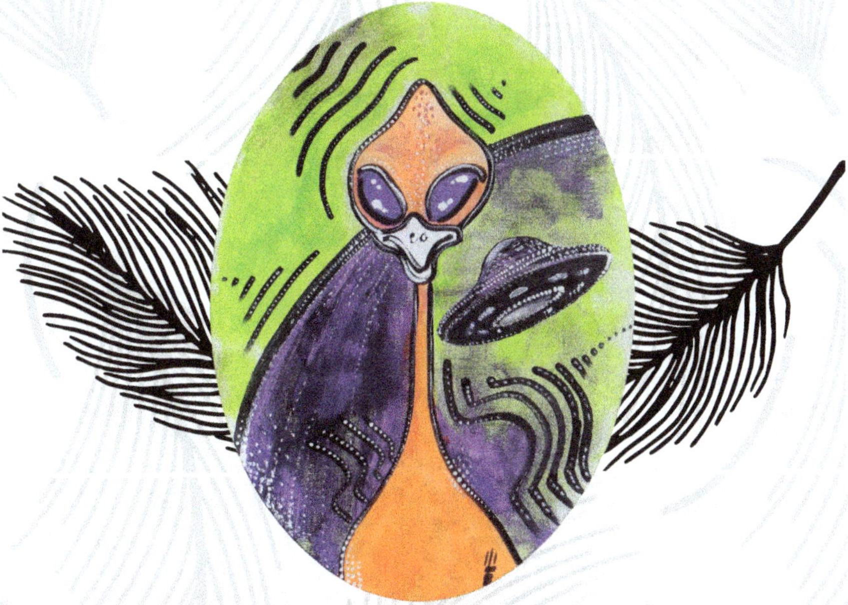

Inquadra questo QR code e scopri tutti gli accessori,
l'abbigliamento e gli adesivi che nasconde

Qui invece trovi il quaderno.

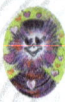

50 sfumature di struzzo

Acrilico su cartoncino 25x30cm

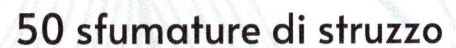

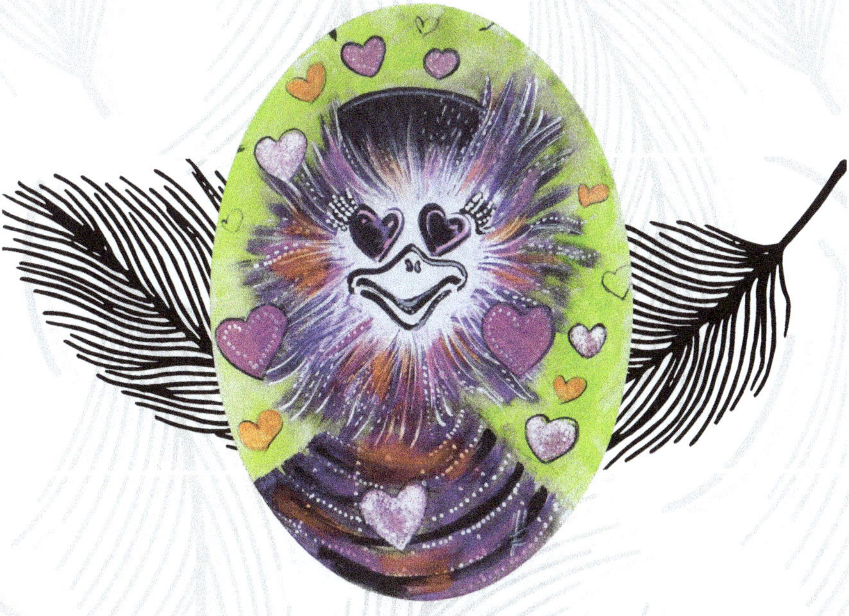

Inquadra questo QR code e scopri tutti gli accessori,
l' abbigliamento e gli adesivi che nasconde

Qui invece trovi il quaderno.

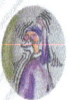

50 sfumature di struzzo

Acrilico su cartoncino 25x30cm

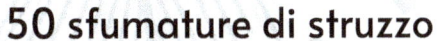

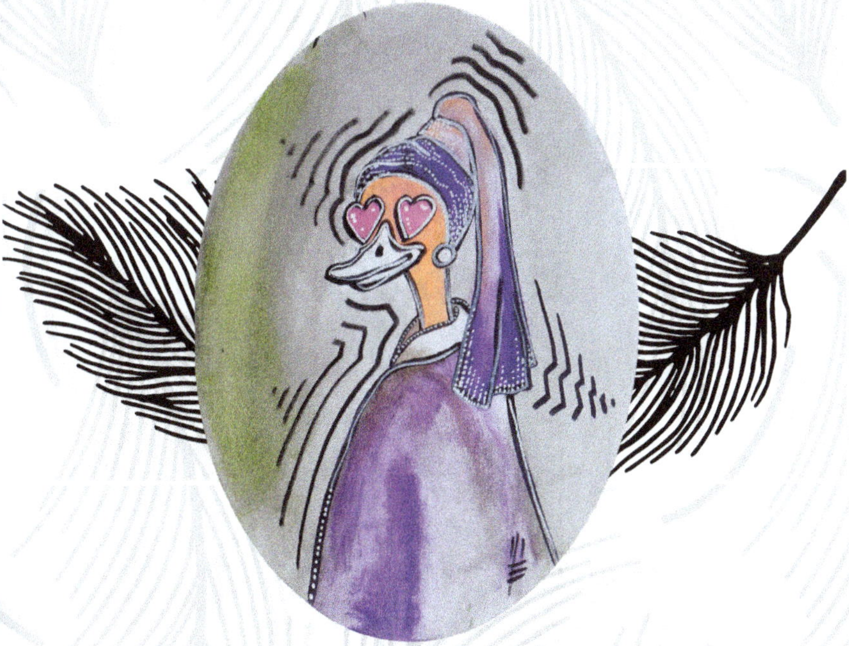

Inquadra questo QR code e scopri tutti gli accessori, l' abbigliamento e gli adesivi che nasconde

Qui invece trovi il quaderno.

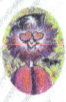

50 sfumature di struzzo

Acrilico su cartoncino 25x30cm

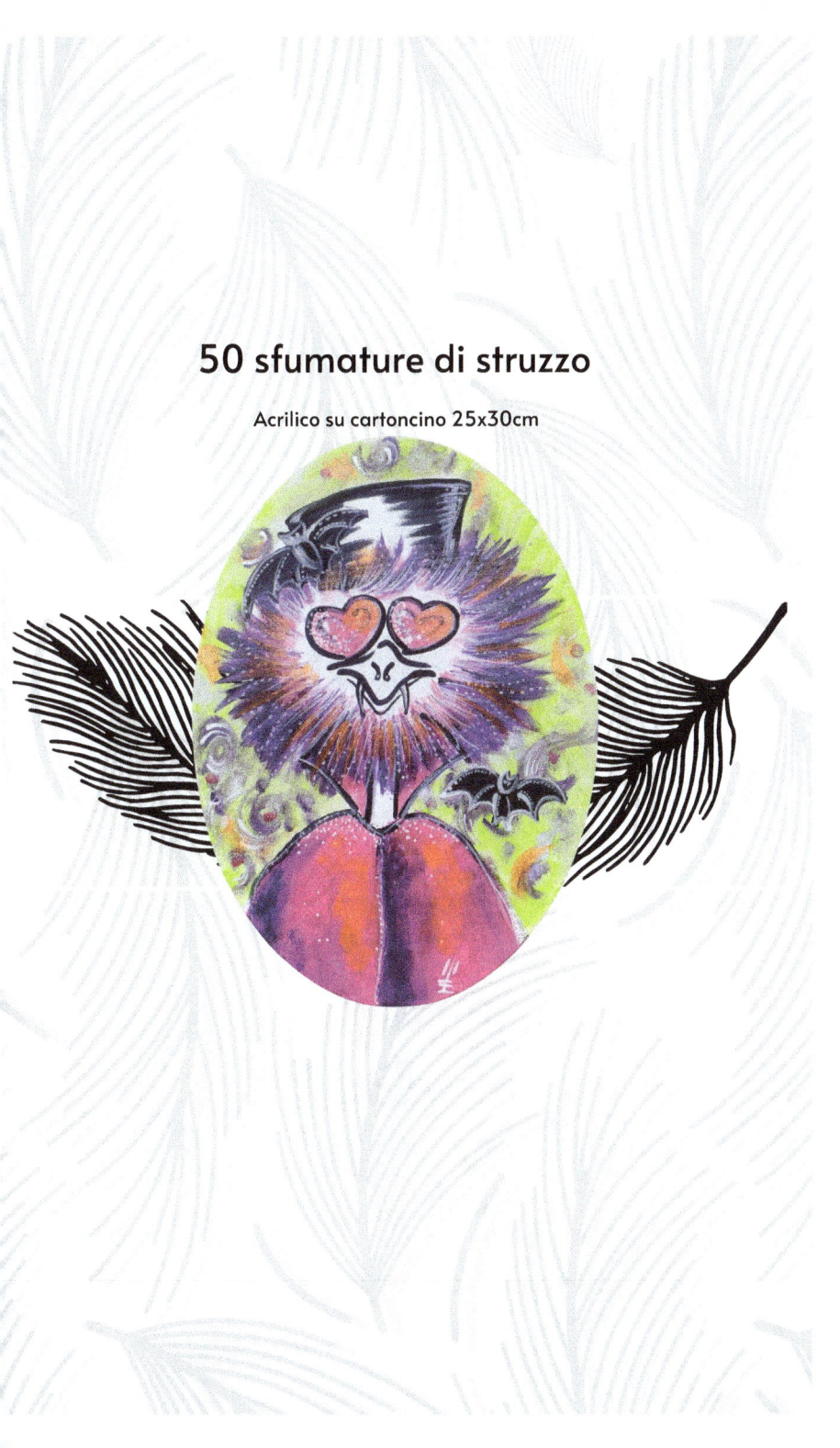

Inquadra questo QR code e scopri tutti gli accessori, l' abbigliamento e gli adesivi che nasconde

Qui invece trovi il quaderno.

50 sfumature di struzzo

Acrilico su cartoncino 25x30cm

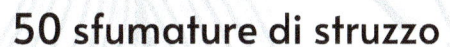

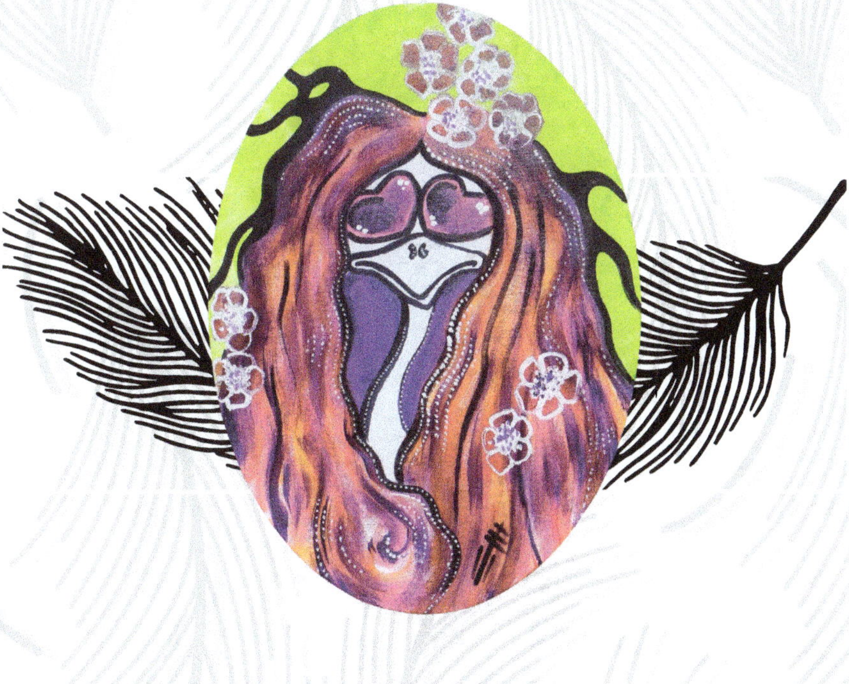

Inquadra questo QR code e scopri tutti gli accessori,
l' abbigliamento e gli adesivi che nasconde

Qui invece trovi il quaderno.

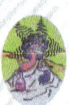

50 sfumature di struzzo

Acrilico su cartoncino 25x30cm

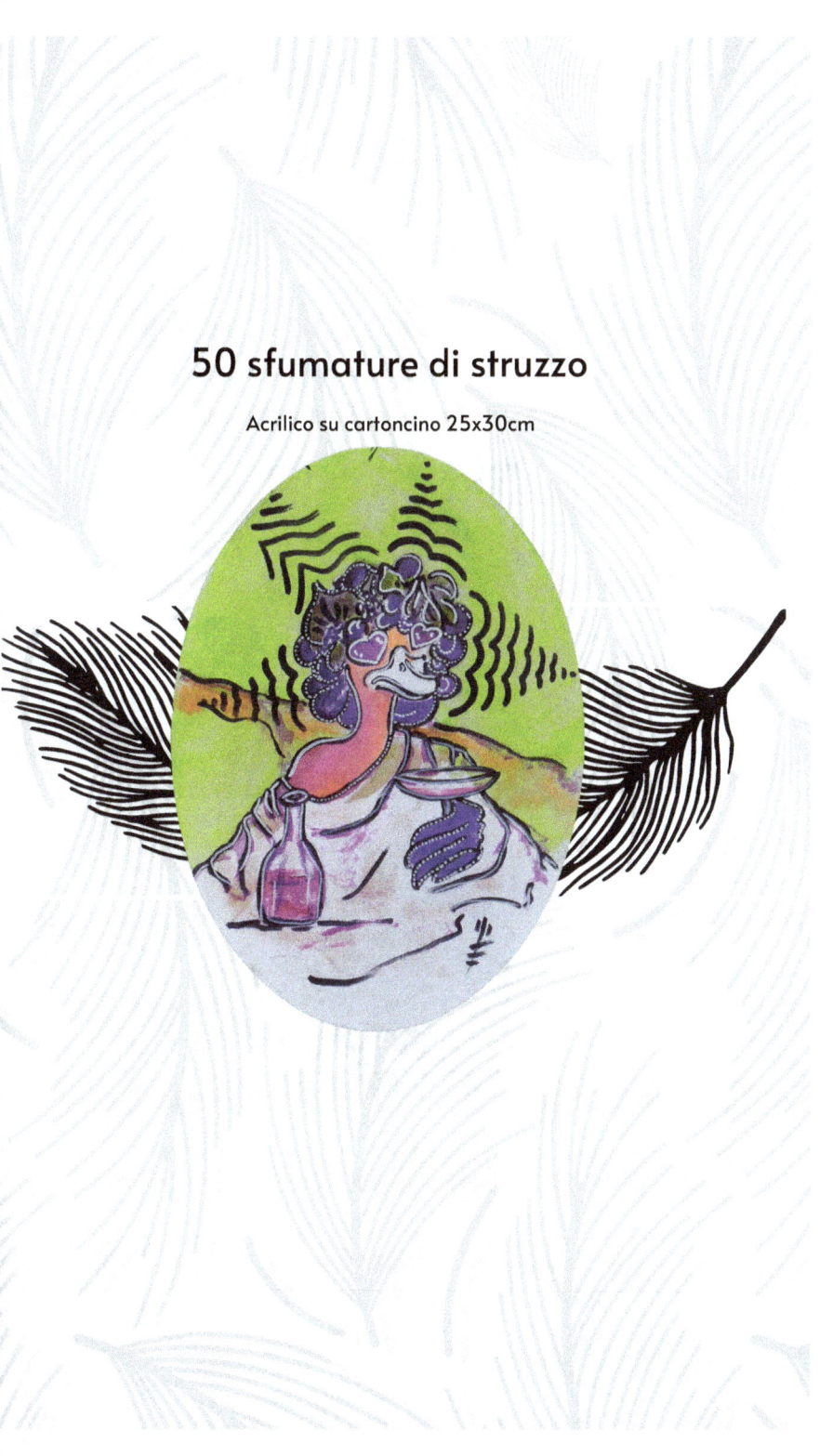

Inquadra questo QR code e scopri tutti gli accessori,
l' abbigliamento e gli adesivi che nasconde

Qui invece trovi il quaderno.

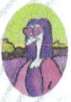

50 sfumature di struzzo

Acrilico su cartoncino 25x30cm

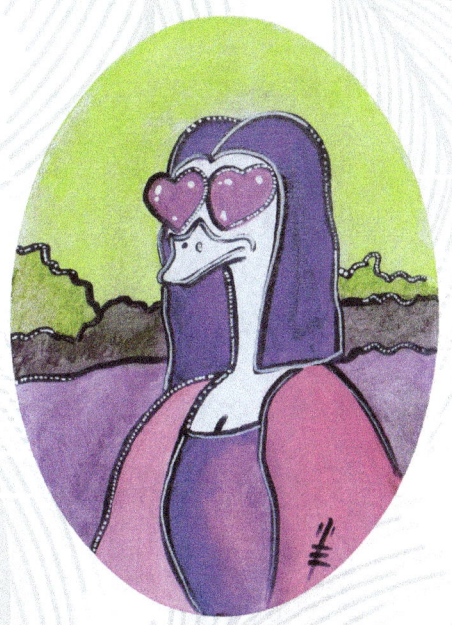

Inquadra questo QR code e scopri tutti gli accessori,
l' abbigliamento e gli adesivi che nasconde

Qui invece trovi il quaderno.

50 sfumature di struzzo

Acrilico su cartoncino 25x30cm

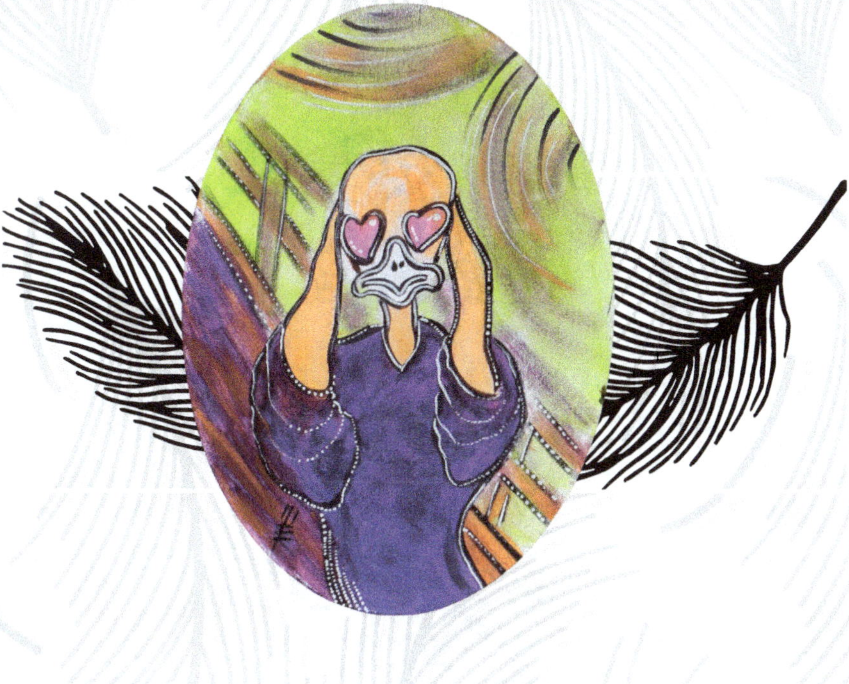

Inquadra questo QR code e scopri tutti gli accessori, l' abbigliamento e gli adesivi che nasconde

Qui invece trovi il quaderno.

50 sfumature di struzzo

Acrilico su cartoncino 25x30cm

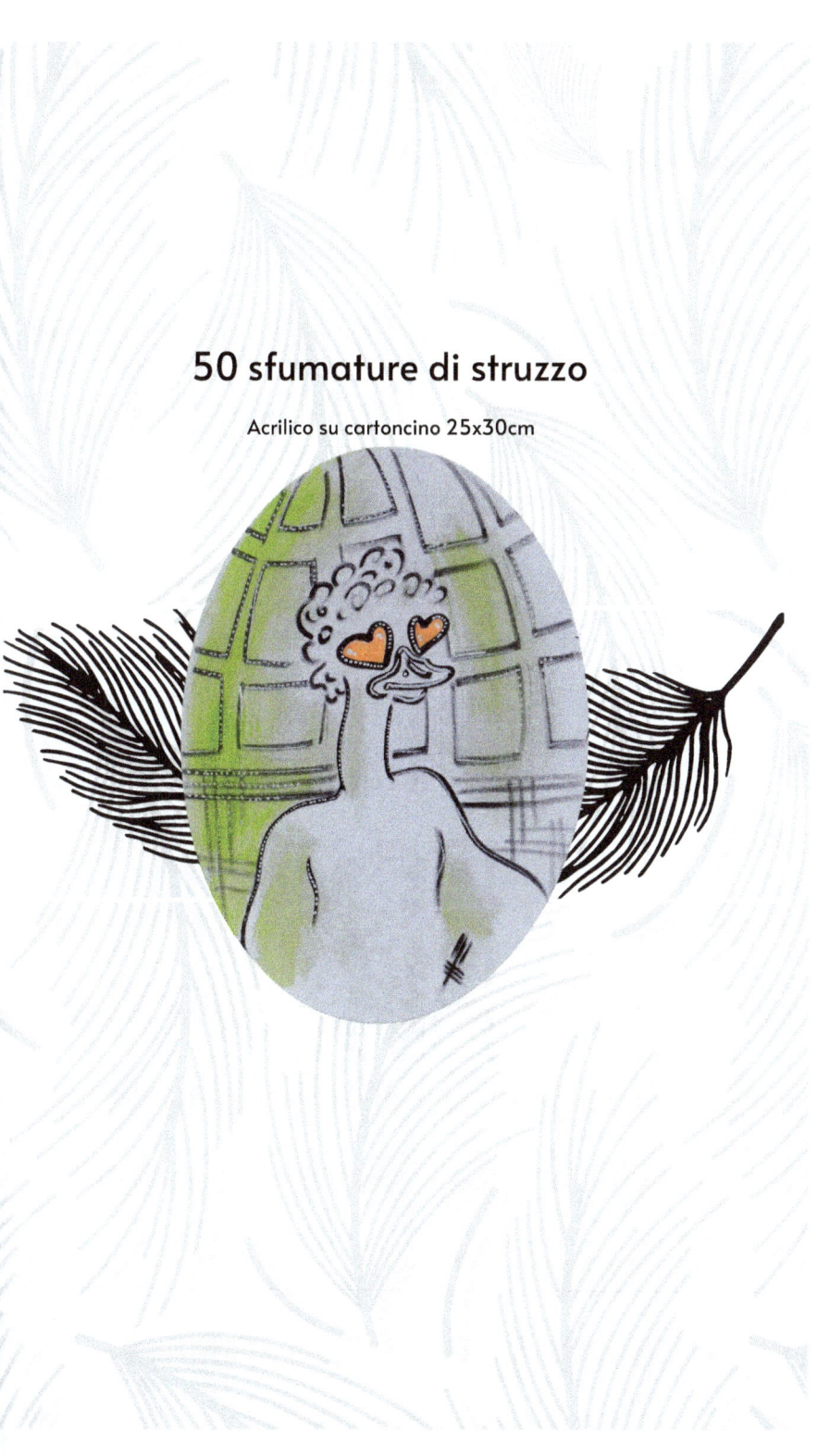

Inquadra questo QR code e scopri tutti gli accessori,
abbigliamento e adesivi della collezione
"50 sfumature di struzzo"

Qui invece trovi il catalogo completo.

50 sfumature di struzzo

Il catalogo completo 2024

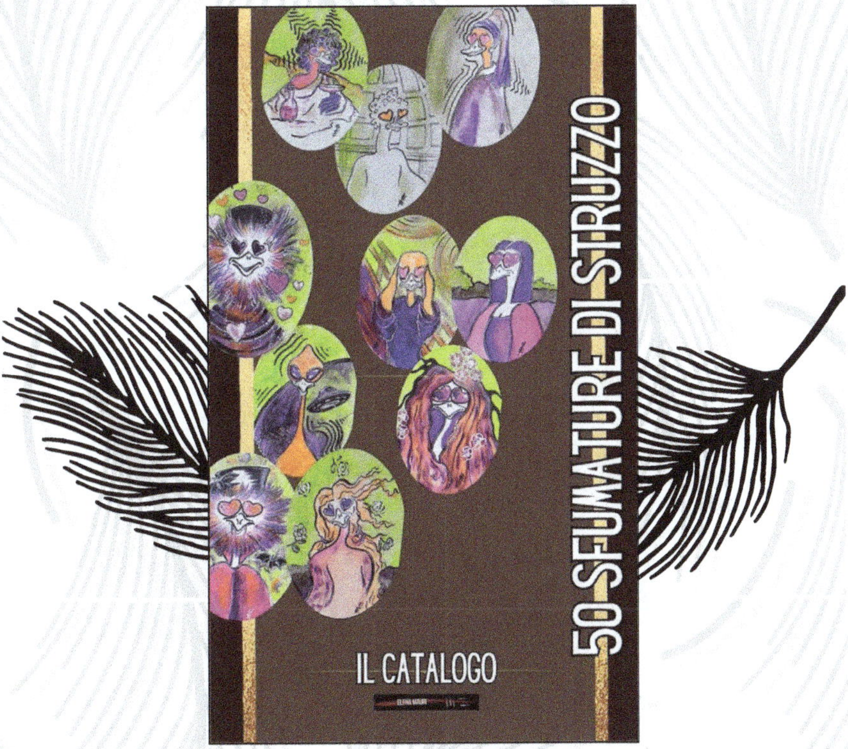

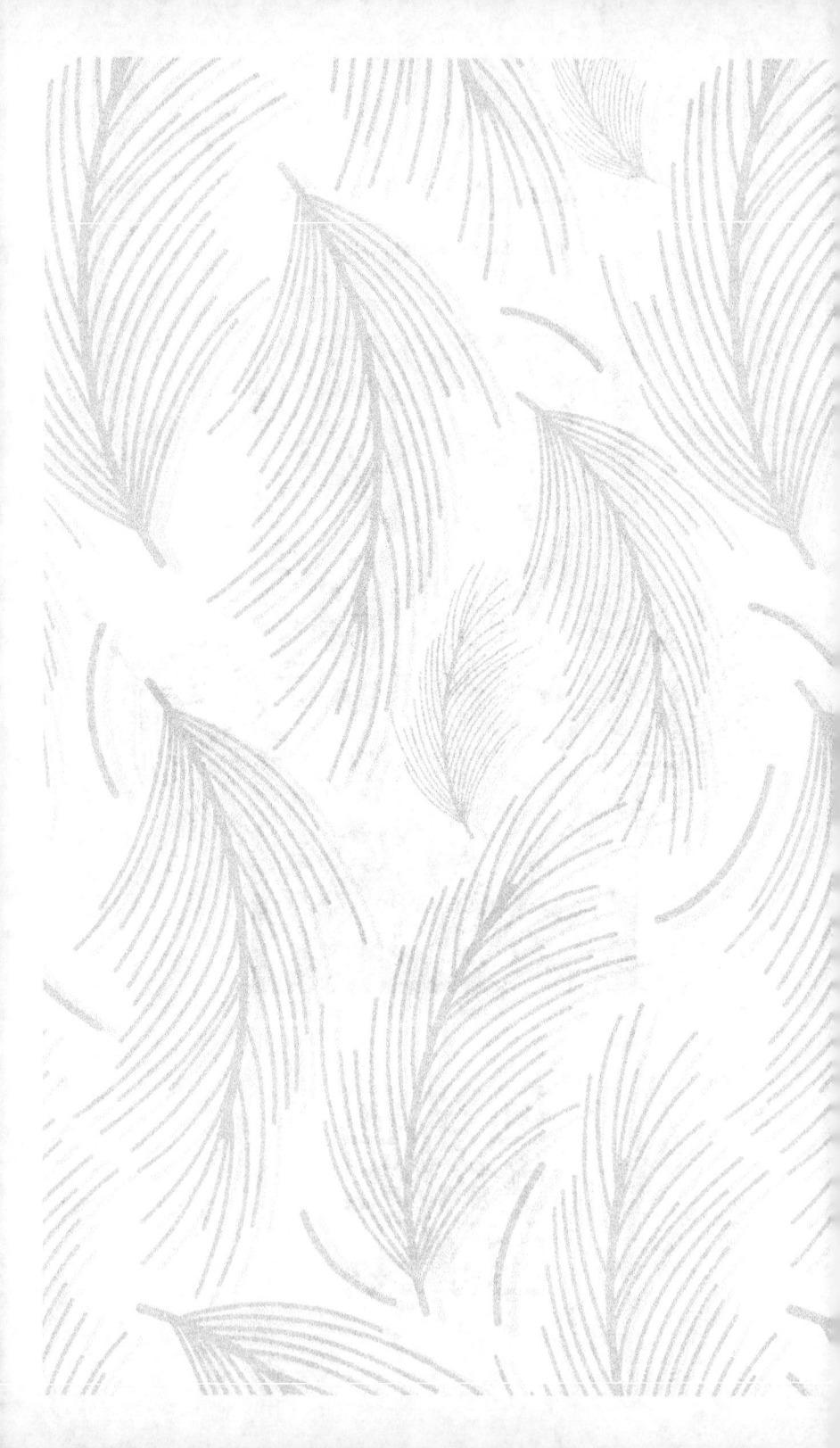

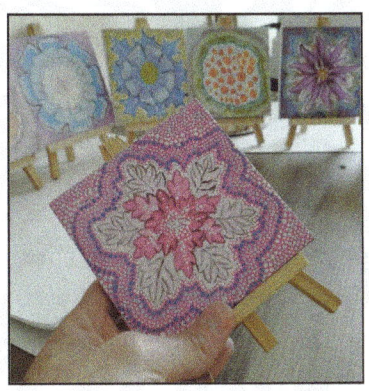

BLOOOM - BE KIND!

Da Kokopelli al coniglio lunare
Un viaggiatore attraversa il mondo con un sacco pieno di fiori sulle spalle.

Street art in miniatura, una mostra itinerante e libera dai muri che racconta la sua storia.

Data di inizio 08 maggio 2024

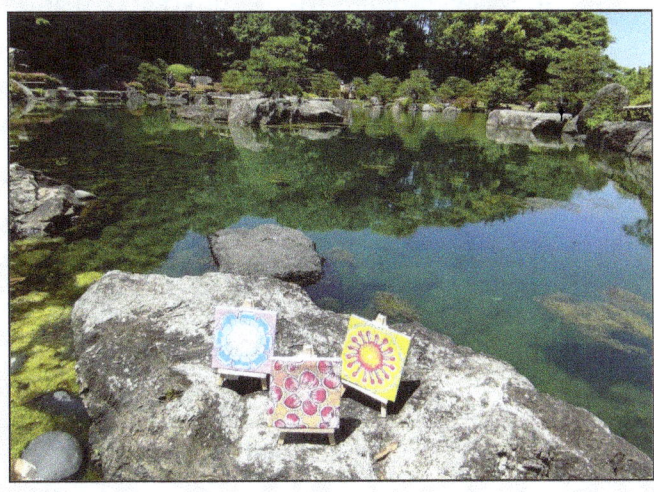

Quanto conta il luogo in cui nasce qualcosa? Moltissimo, quando viaggiamo portiamo con noi solo quello che serve, che ci fa sentire sicuri, quello che definisce chi siamo e da dove veniamo.

Il contenuto della nostra valigia cambia in base al nostro bisogno di sicurezza e di autostima, alla destinazione e al momento storico o alla stagione in cui ci troviamo a viaggiare.

Non intendo il termine "Viaggiare" come spostarsi da un luogo all'altro, prendersi una vacanza per distrarsi, oppure fuggire.

La mia visione del viaggio in questo lavoro è focalizzata sul valore dello stato indefinito in cui il viaggio da soli verso una meta nuova ci costringe a restare sospesi.

In questo stato nessuno sa chi siamo, ci identificano solo dei documenti, e non conosciamo nessuno.

Può essere spaventoso trovarsi da soli con se stessi fino a questo punto, così piccoli e vulnerabili, scagliati come sassolini nel mare.

E allora cosa diventa importante?

Penso che ciascuno a questa domanda sia costretto a trovare una sua risposta personale, io ho scelto di portare con me dei fiori, dipinti su piccole tele.

Volare verso Est, la direzione del futuro e del sorgere del sole, portando nel mio bagaglio una piccola mostra di fiori per me significa rendere bagaglio qualcosa di caduco, fragile e bello, un messaggio di gentilezza che vola sopra ad un mondo travolto dai conflitti.

Il fatto che questi piccoli quadri nascano sulle rive del mediterraneo, la culla della civiltà occidentale, nel luogo che considero più di tutti la mia casa, li rende un bagaglio che diventa sempre più prezioso mano a mano che racconta la sua storia durante il suo tragitto. Ogni tappa accumula foto, incontri, emozioni, proprio come una persona che vivendo si trasforma in qualcosa di estremamente complesso, eppure la sua essenza resta immutata.

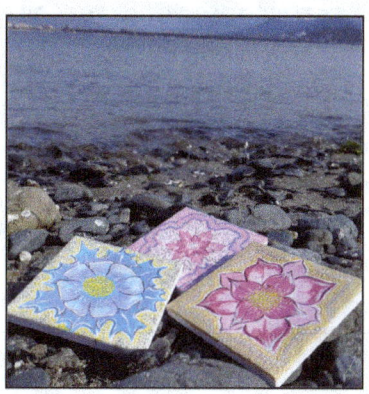

Ma come potrei raccontare qualcosa a chi non capisce la mia lingua? Che messaggio può essere comprensibile e gradito a qualsiasi latitudine? Quando si viaggia in luoghi remoti non si possono utilizzare lettere o parole per farsi capire da tutti,. Oggetti, paesaggi, ritratti e animali possono veicolare idee che cambiano moltissimo in base alla cultura e alla storia di chi guarda.

Per questo nello scegliere di disegnare dei fiori ho evitato di copiarli da quelli esistenti, i miei fiori sono tutti diversi e inventati, come i fiocchi di neve e le persone.

Materializzandosi sulla tela, perdono la loro caducità, e si liberano dalle radici che li alimentano e li tengono al sicuro, per vivere una vita loro che li rende eterni proprio perché alieni al prato in cui sono nati i loro fratelli e le loro sorelle, e li consegna al mondo chiedendo loro di raccontarlo, di raccontare quello che incontrano e che vedono.

Come un Kokopelli contemporaneo e occidentale parto per questo viaggio per raccontarne la storia, scoprirne di nuove, portare e prendere qualcosa da chi incontro.

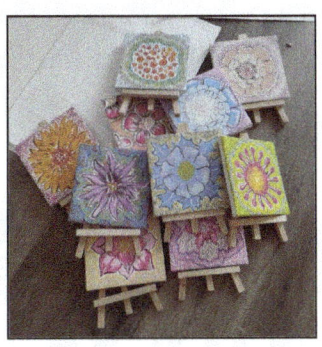

Cosa determina il valore di una cosa? Il suo percorso? La sua origine? Oppure il suo scopo? In un momento storico in cui il conflitto sembra dominare la realtà credo che muoversi con la gentilezza di un fiore sia un'utopia fondamentale. In questo viaggio insieme ai miei quadri cercherò di rispondere a queste domande e di raccontare quello che trovo e quello che vivo attraverso delle mostre estemporanee improvvisate lungo il tragitto.

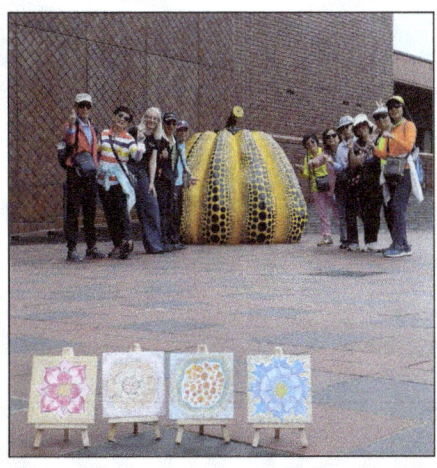

Inquadra questo QR code e scopri tutti gli accessori,
l' abbigliamento e gli adesivi con questo fiore della collezione
bloOom-be kind!

Qui invece trovi il quaderno.

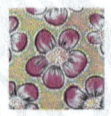

BloOom-be kind! 10x10 acrilico su tela

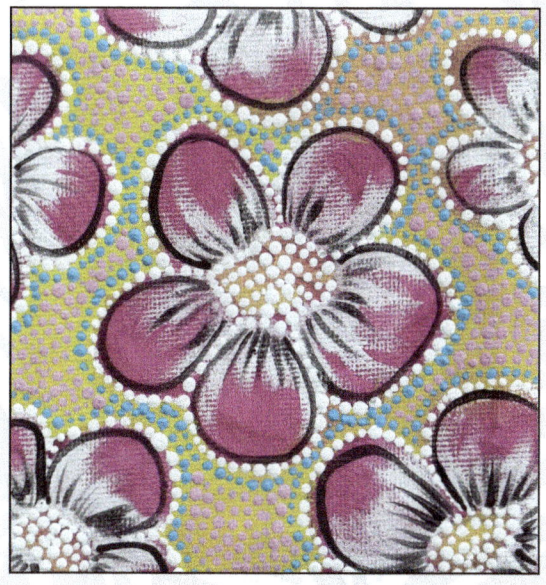

Inquadra questo QR code e scopri tutti gli accessori, l' abbigliamento e gli adesivi con questo fiore della collezione bloOom-be kind!

Qui invece trovi il quaderno.

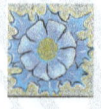

BloOom-be kind! 10x10 acrilico su tela

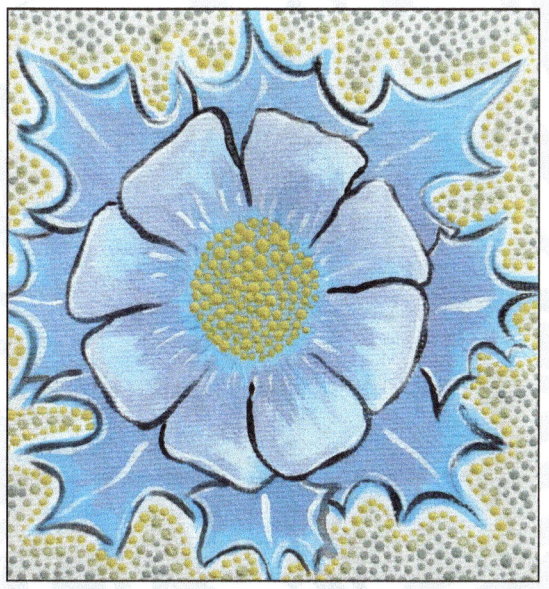

Inquadra questo QR code e scopri tutti gli accessori,
l' abbigliamento e gli adesivi con questo fiore della collezione
bloOom-be kind!

Qui invece trovi il quaderno.

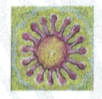

BloOom-be kind! 10x10 acrilico su tela

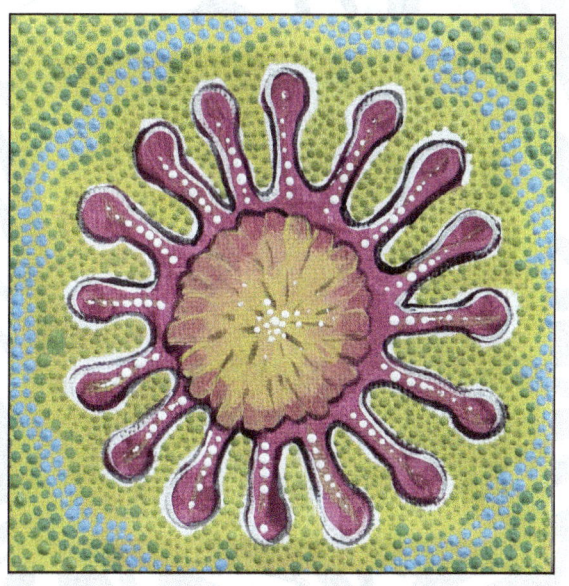

Inquadra questo QR code e scopri tutti gli accessori, l' abbigliamento e gli adesivi con questo fiore della collezione bloOom-be kind!

Qui invece trovi il quaderno.

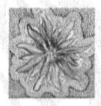

BloOom-be kind! 10x10 acrilico su tela

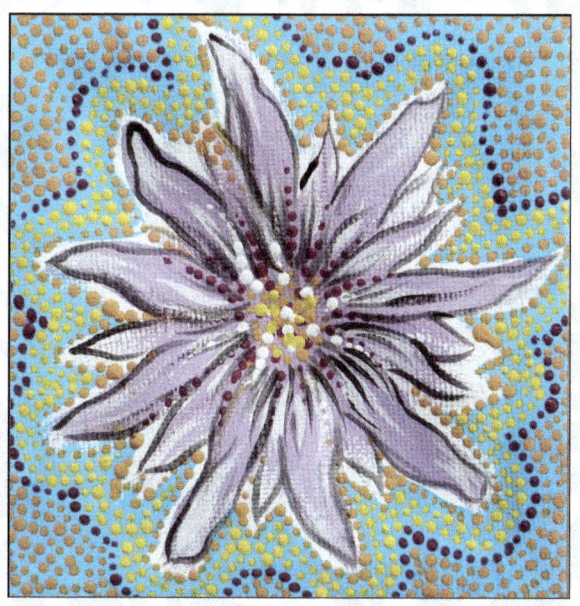

Inquadra questo QR code e scopri tutti gli accessori, l' abbigliamento e gli adesivi con questo fiore della collezione bloOom-be kind!

Qui invece trovi il quaderno.

BloOom-be kind! 10x10 acrilico su tela

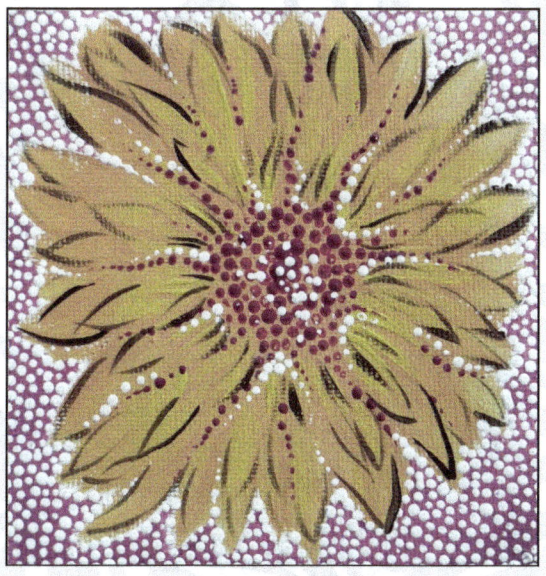

Inquadra questo QR code e scopri tutti gli accessori,
l' abbigliamento e gli adesivi con questo fiore della collezione
bloOom-be kind!

Qui invece trovi il quaderno.

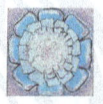

BloOom-be kind! 10x10 acrilico su tela

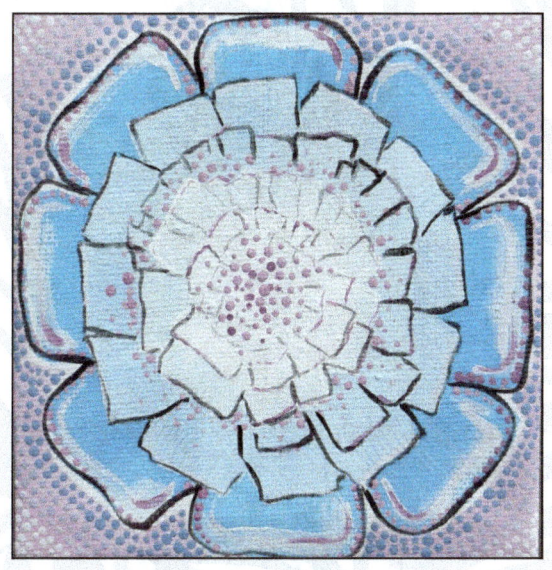

Inquadra questo QR code e scopri tutti gli accessori,
l' abbigliamento e gli adesivi con questo fiore della collezione
bloOom-be kind!

Qui invece trovi il quaderno.

BloOom-be kind! 10x10 acrilico su tela

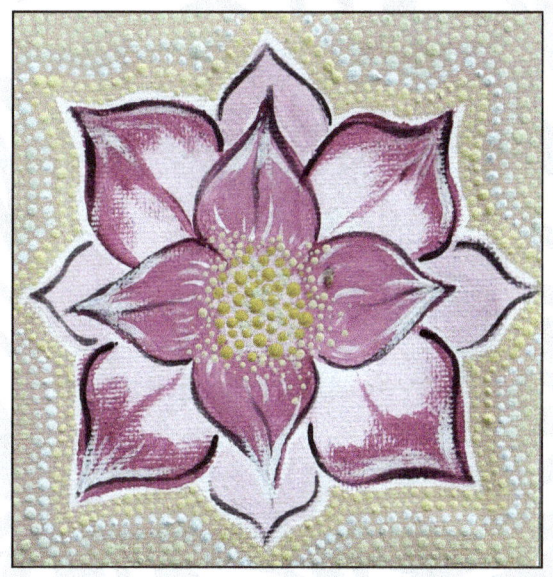

Inquadra questo QR code e scopri tutti gli accessori, l' abbigliamento e gli adesivi con questo fiore della collezione bloOom-be kind!

Qui invece trovi il quaderno.

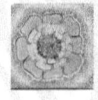

BloOom-be kind! 10x10 acrilico su tela

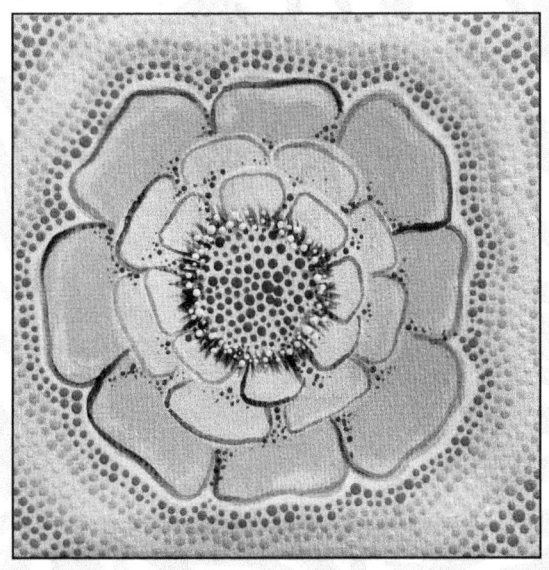

Inquadra questo QR code e scopri tutti gli accessori, l' abbigliamento e gli adesivi con questo fiore della collezione bloOom-be kind!

Qui invece trovi il quaderno.

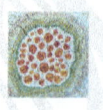

BloOom-be kind! 10x10 acrilico su tela

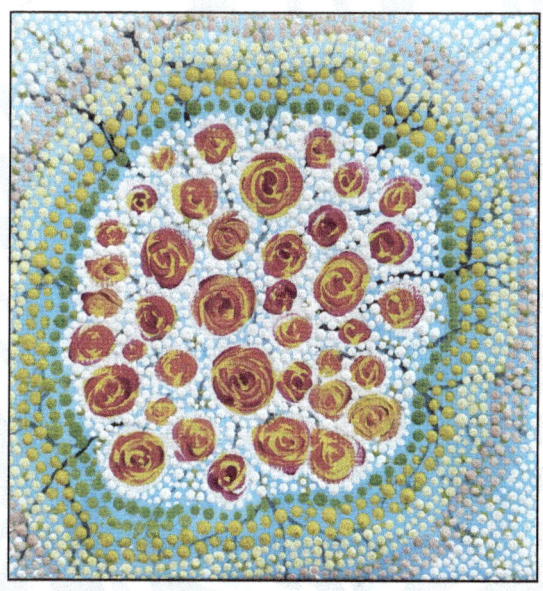

Inquadra questo QR code e scopri tutti gli accessori,
l'abbigliamento e gli adesivi con questo fiore della collezione
bloOom-be kind!

Qui invece trovi il quaderno.

BloOom-be kind! 10x10 acrilico su tela

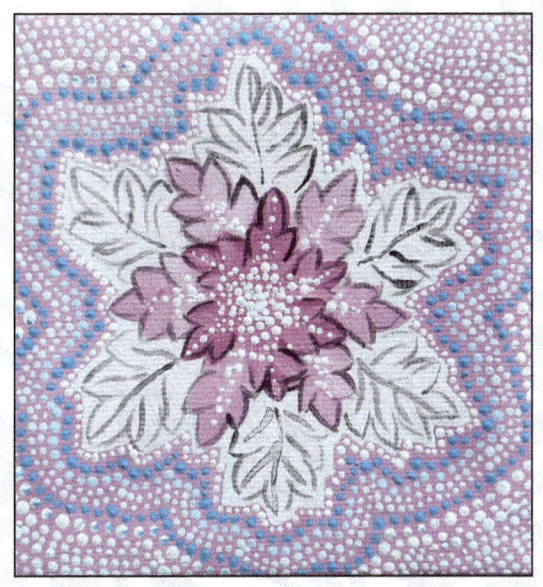

La gentilezza inizia da te.
Il diario della gratitudine è una
parte integrante di questo progetto.
Contiene frasi "nutrienti" ed è un
ottimo strumento per imparare a
dire grazie alla nostra vita e iniziare
a cambiare prospettiva.

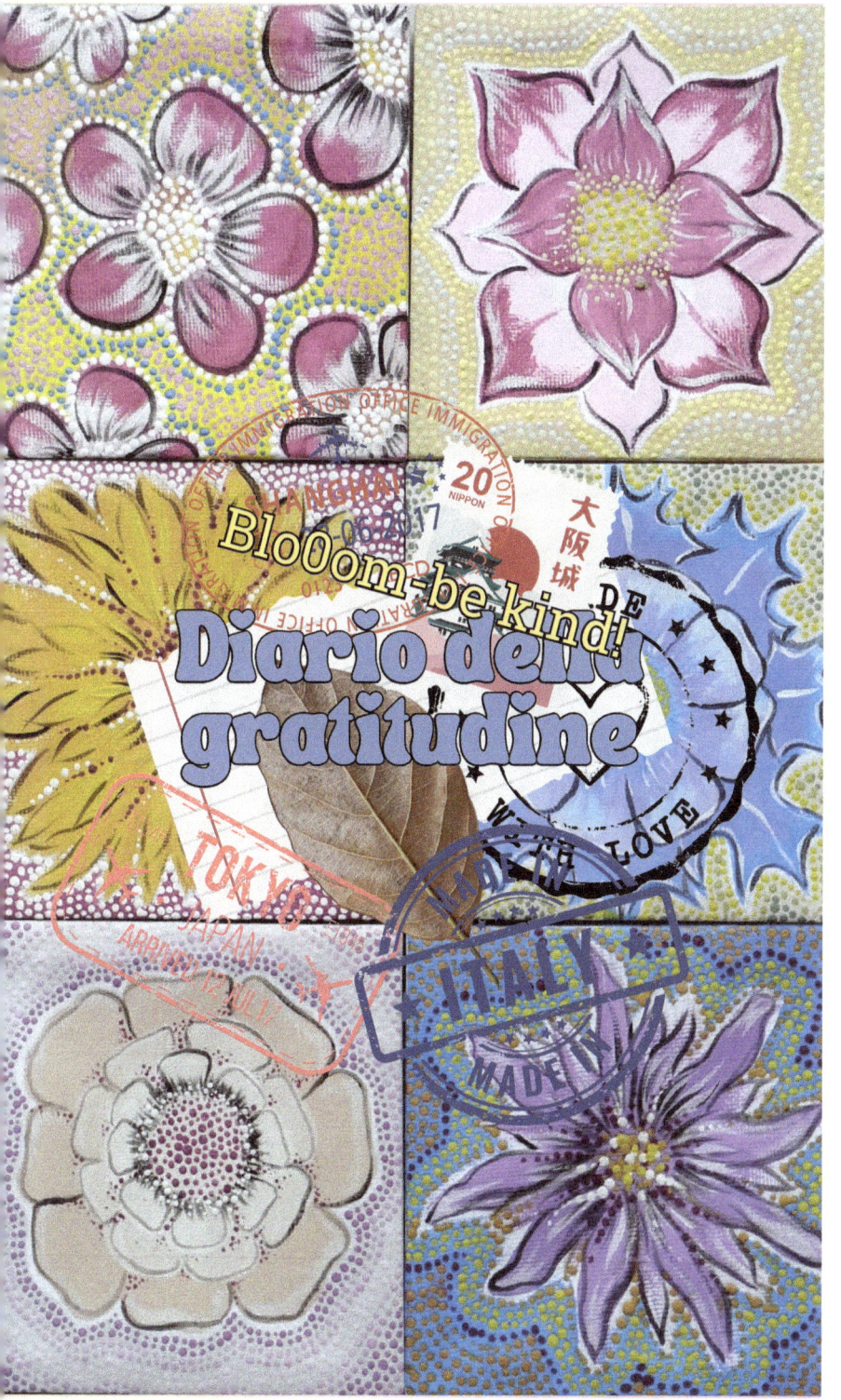

4X4

Un percorso a colori.

Quattro sono le stagioni, i punti cardinali, gli elementi, le fasi della vita.
Il 4 rappresenta la materia e la stabilità, ma anche il suo mutare costante e inesorabile.
Nei tarocchi il quarto arcano maggiore è l'imperatore, simboleggia l'ordine e la forza che serve a mantenerlo, ma moltiplicato per sé stesso si trasforma nella torre, che è un arcano di rivoluzione e cambiamento drastico.

In Asia il 4 porta sfortuna, il suono del suo nome richiama la parola "morte".
Cosa c'è di più inevitabile, inesorabile, solido e concreto della morte?
E cosa è la vita alla fine, se non un viaggio diviso in tappe verso quello che è il nostro comune destino universale?

Questo pensiero è angosciante, perché ci porta a farci la Domanda delle domande,
a cui ciascuno dovrebbe trovare una sua personale risposta:

Che senso ha tutto questo? Cosa devo farne della mia vita?

Ho creato un progetto in cui, vincolata dal numero 4, realizzo 4 serie di 4 quadri con un tema simile, che approcciano il senso della vita per me.
Non so ancora adesso che inizio questo percorso cosa nel dettaglio mi suggerirà il mio spirito per rispondere alla Domanda.
Lo scopriremo insieme, vivendo.

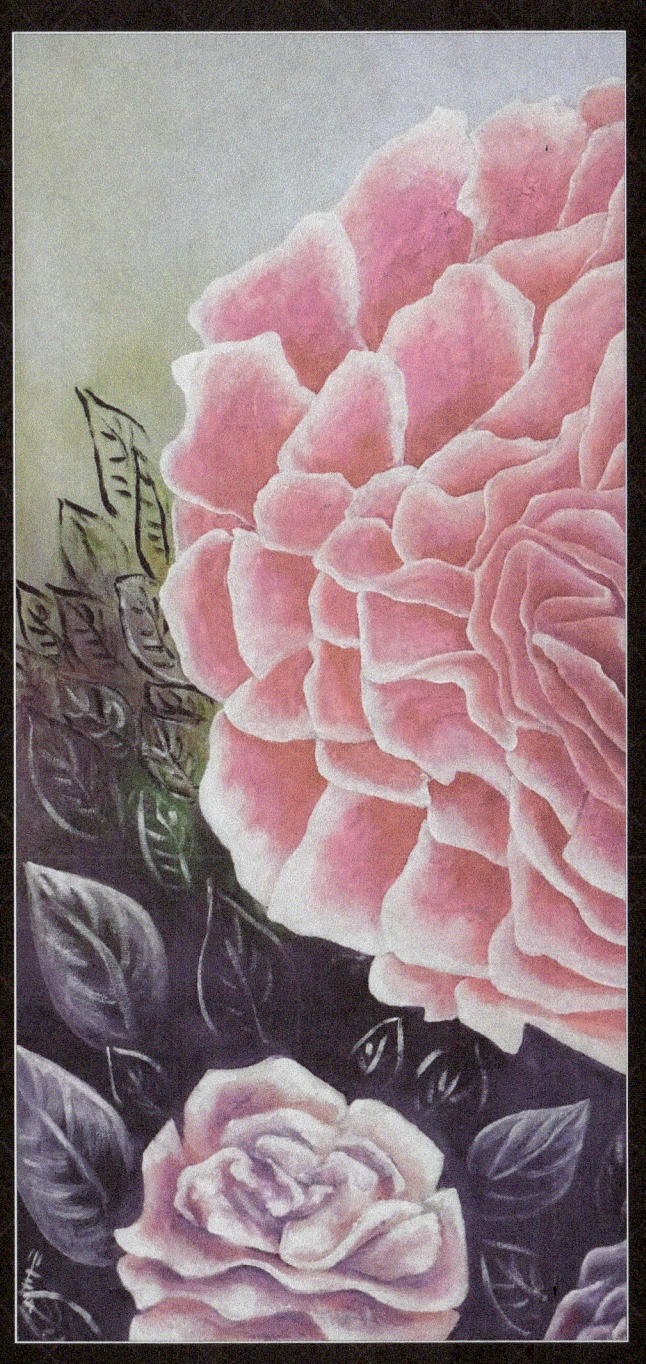

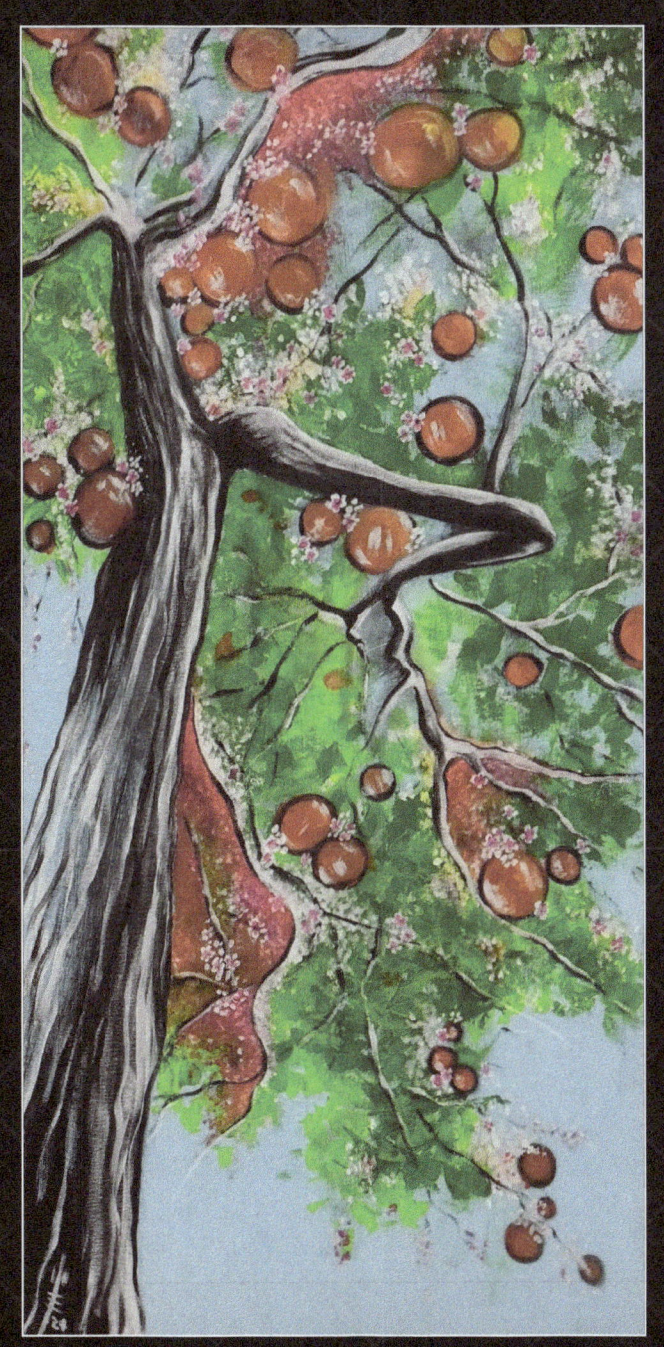

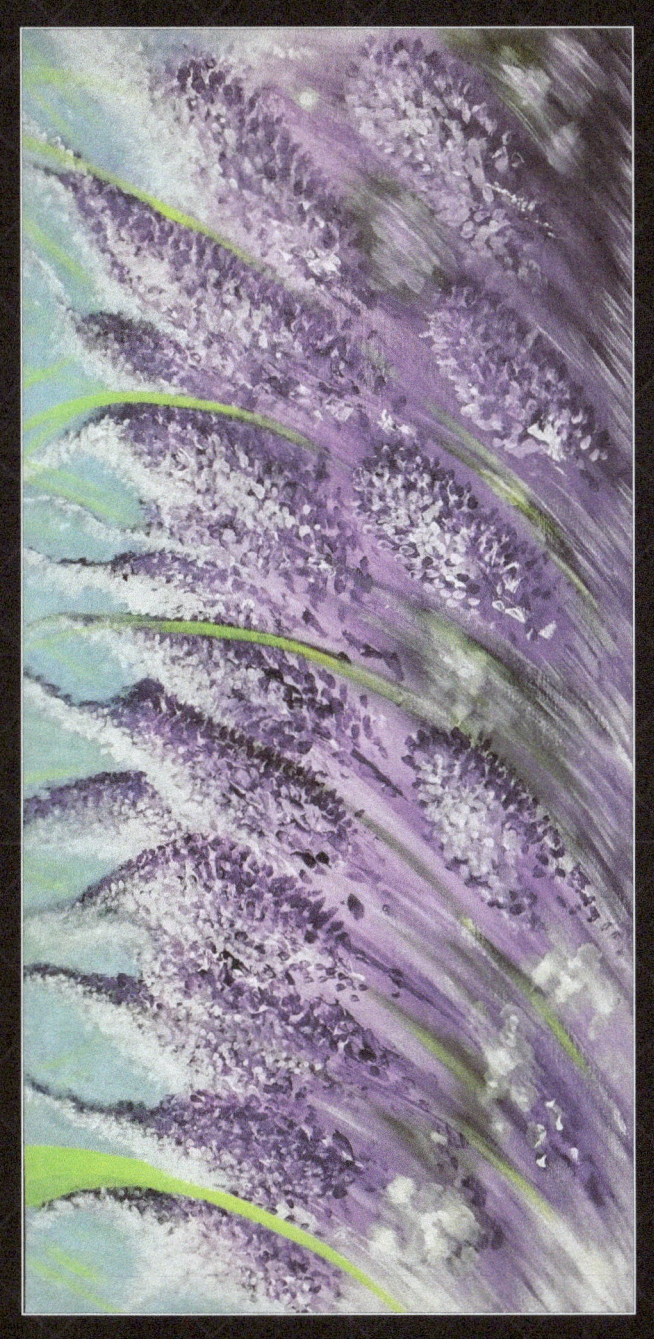

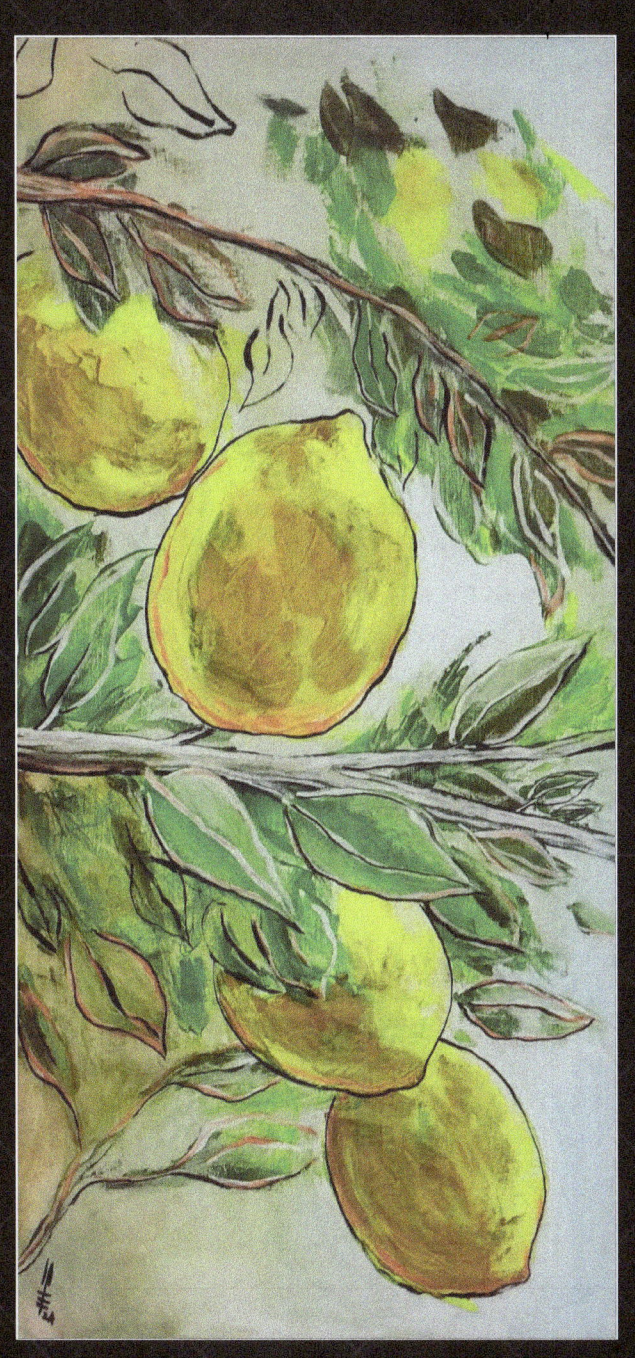

Il profumo, il colore, i fiori. Come influenzano la mente e l'anima?
In questi quattro quadri ho scelto degli aromi mediterranei, che mi fanno pensare a tutto ciò che per me è casa.
Limone, arancio, lavanda e rosa sono profumi che tutti conosciamo e che vanno ad accarezzare lo spirito umano, prendendosene cura.
Ho voluto ritrarre il profumo, non solo il fiore, e propongo di meditare davanti a queste immagini unendo all'osservazione del colore l'aromaterapia.
Questa prima serie di 4x4 è un invito ad amarsi e rifiorire attraverso il cuore.
Il quadro che ha fatto nascere questo quartetto di fiori si intitola Amati, l'accento si può mettere sulla A che preferite.
L'amore è la forza che libera l'anima dalla prigione fredda dell'inverno, è la primavera di cui tutti abbiamo bisogno.
La prima risposta alla Domanda che ho trovato per me stessa in questa prima fase del percorso 4x4 è proprio AMATI

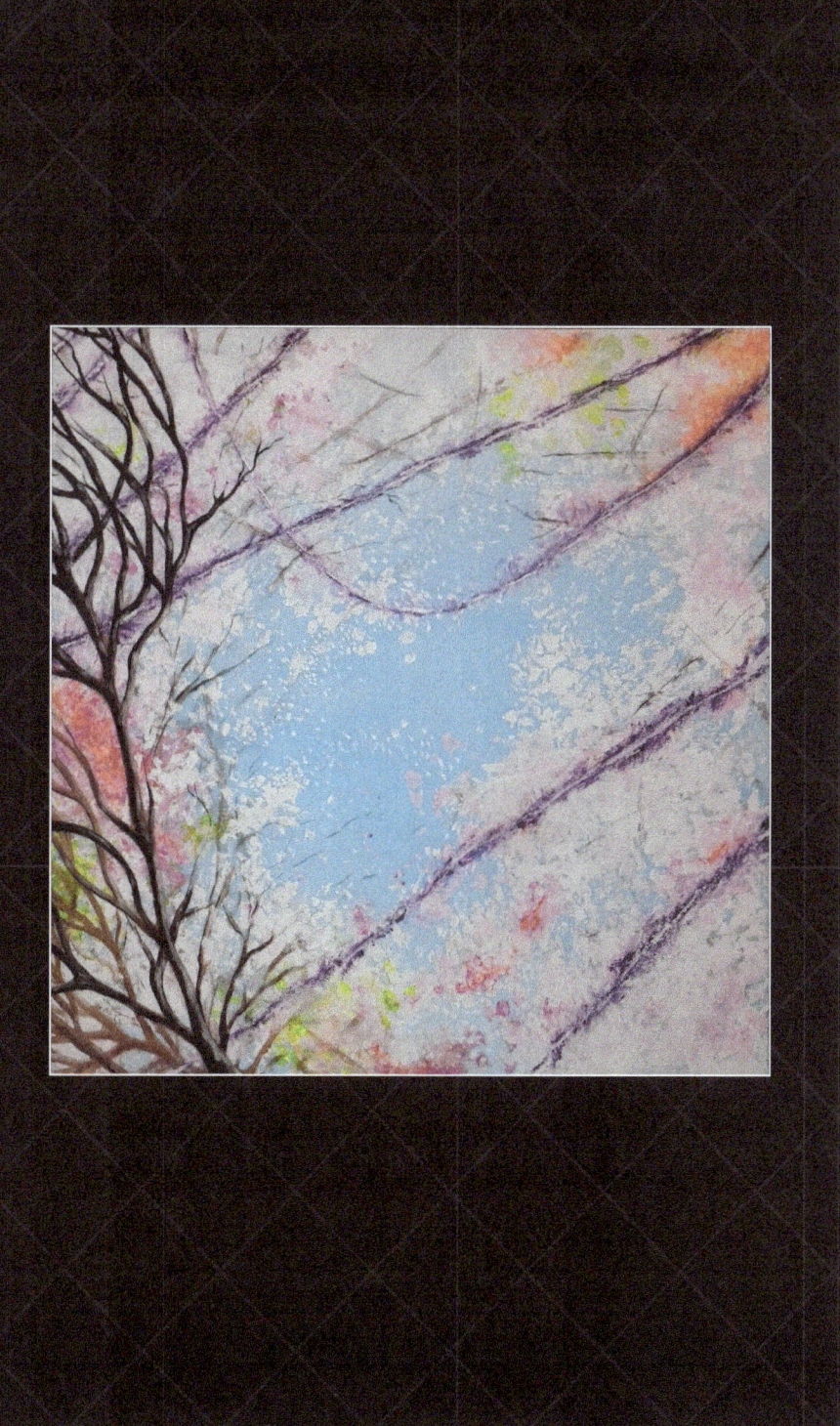

M.E.-BOOKS

Fantasia e realtà a volte si intrecciano,
la loro è una relazione fatta di contrasti.
In questi libri si raccontano storie al confine fra
mondi diversi, fatte di amore, fantasmi e altre
meraviglie e assurdità quotidiane, come timbrare il
cartellino e i cammelli viola.
Il visibile e l'invisibile, l'assurdo e la poesia, uniti
dall'ironia dell'Universo sono costante ispirazione
per i libri di Elena, che trovate su Amazon

LE OSCURE MEMORIE DI ORTENSIA MORI

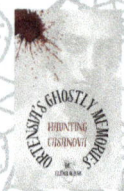 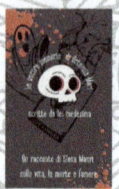

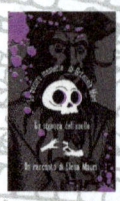

Ortensia racconta, con ironia e freschezza, le sue avventure.
Tutto inizia quando, stanca della sua vita cittadina, decide di trasferirsi al mare.
In una tranquilla serata estiva, suo malgrado, scopre che leggende, fantasmi e maledizioni non sono poi così impalpabili e distanti dal quotidiano.
Inizia così questa serie di romanzi, che si snodano attraverso misteri e personaggi storici più o meno reali di alcune delle città più belle d'Italia.
Fantasy romantici e dark, guarniti con un pizzico di umorismo e conditi da un velo grottesco e surreale.

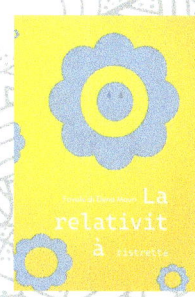

LA RELATIVITA' RISTRETTA
Che differenza c'è fra un incubo,
un sogno e una favola?
A volte il filo che li divide è molto sottile.
Quattro riflessioni oniriche in forma di favola,
chiuse in un libro piccolo piccolo,
magico e potente.

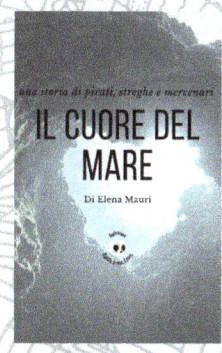

IL CUORE DEL MARE
In un mondo che sta sprofondando
nell'oscurità, tre personaggi inseguono
i loro sogni e le loro ossessioni.
Il pirata più ricco e fortunato di tutti i
tempi, l'ultima delle streghe e un
misterioso mercenario si incontrano,
alla ricerca di un tesoro.

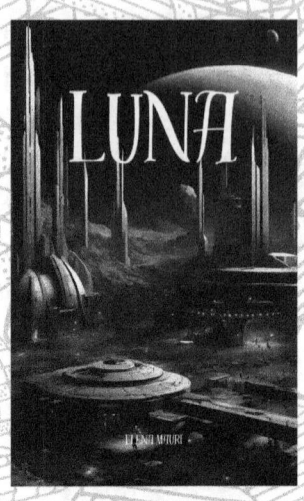

LUNA

Ewagoria è la società perfetta.
Creata e governata dall'intelligenza artificiale è florida, pacifica e organizzata.
Sulla metà oscura della luna però un gruppo di ribelli trama per rovesciare il Sistema, hanno un'arma incontenibile che nessun Bot può fermare.
Un ufficiale viene inviato in missione sulla luna per recuperare l'ordigno e sventare l'attacco, ma l'incontro fra lui e i ribelli non andrà secondo i piani.

GLI INUTILI MANUALI CONTEMPORANEI DI SOPRAVVIVENZA

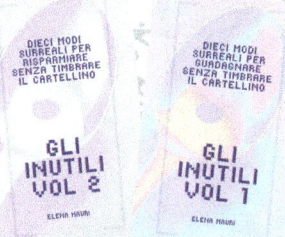

Vi presento con orgoglio immotivato la mia nuova collana:
"Gli inutili"
Una serie di manuali dedicati alla nostra società e alla sua lenta, ma inesorabile deriva.
Non vi vogliono insegnare niente, non intendono guidarvi nella vita, non sono utili nemmeno per livellare la gamba del tavolino che balla perchè sono troppo bassi.
Sono inutili, come un cucchiaio bucato, un palloncino sgonfio, una forchetta per mangiare il brodo, una lampadina rotta, uno specchio al buio, il mignolo del vostro piede, le bolle di sapone e mille altre cose dilettevoli e minuscole a cui adesso non riesco a pensare.
Di buono hanno che costano poco e sono divertenti, che è molto di più di quanto vi possano garantire molte persone.

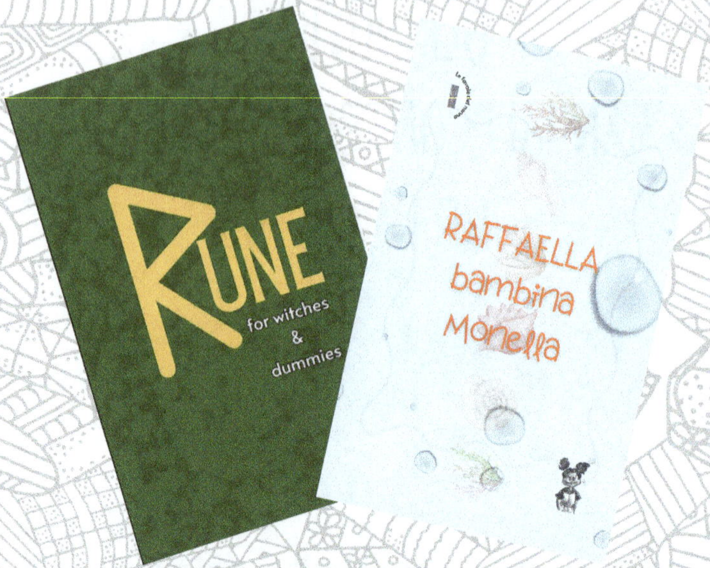

C'è molto altro, visita la mia pagina autore su Amazon e scopri tutti i miei libri

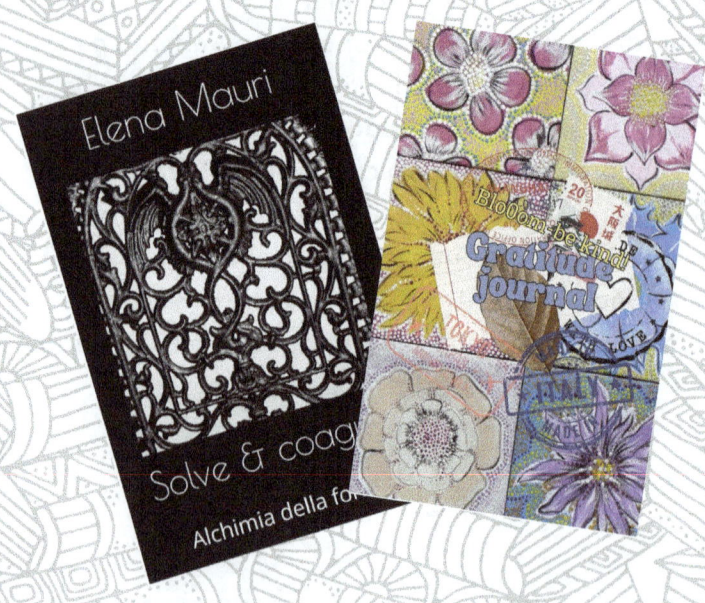

M.E. SHOP

M.E. BOOKS

M.E. WORLD

www.ingramcontent.com/pod-product-compliance
Lightning Source LLC
Chambersburg PA
CBHW070356230526
45471CB00006B/2592